O MELHOR DO KARATÊ — 7

Jitte, Hangetsu, Empi

M. Nakayama

O MELHOR DO KARATÊ — 7

Jitte, Hangetsu, Empi

Tradução
EUCLIDES LUIZ CALLONI

EDITORA CULTRIX
São Paulo

Título original: *Best Karate 7 – Jitte, Hangetsu, Empi.*

Copyright © 1981 Kodansha International Ltd.

Publicado mediante acordo com Kodansha International Ltd.

Todos os direitos reservados. Nenhuma parte deste livro pode ser reproduzida ou usada de qualquer forma ou por qualquer meio, eletrônico ou mecânico, inclusive fotocópias, gravações ou sistema de armazenamento em banco de dados, sem permissão por escrito exceto nos casos de trechos curtos citados em resenhas críticas ou artigos de revistas.

O primeiro número à esquerda indica a edição, ou reedição, desta obra. A primeira dezena à direita indica o ano em que esta edição, ou reedição foi publicada.

Edição

4-5-6-7-8-9-10-11-12-13

Ano

10-11-12-13-14-15-16

Direitos de tradução para a língua portuguesa
adquiridos com exclusividade pela
EDITORA PENSAMENTO-CULTRIX LTDA.
Rua Dr. Mário Vicente, 368 – 04270-000 – São Paulo, SP
Fone: 2066-9000 – Fax: 2066-9008
E-mail: pensamento@cultrix.com.br
http://www.pensamento-cultrix.com.br
que se reserva a propriedade literária desta tradução.
Foi feito o depósito legal.

Impresso por : Graphium gráfica e editora

SUMÁRIO

Introdução 9
O que é o Karatê-dō 11
Kata
    Significado, Pontos Importantes 13
Jitte 17
    Pontos Importantes 47
Hangetsu 51
    Pontos Importantes 91
Empi 97
    Pontos Importantes 140
Glossário 144

Dedicado
ao meu mestre
GICHIN FUNAKOSHI

INTRODUÇÃO

A última década assistiu a uma crescente popularidade do karatê-dō em todo o mundo. Entre os que foram atraídos por ele encontram-se estudantes e professores universitários, artistas, homens de negócios e funcionários públicos. O karatê passou a ser praticado por policiais e por membros das Forças Armadas do Japão. Em muitas universidades, tornou-se disciplina obrigatória, e o número das que estão adotando essa medida cresce a cada ano.

Com o aumento da sua popularidade, têm surgido certas interpretações e atuações desastrosas e lamentáveis. Primeiro, o karatê foi confundido com o chamado boxe de estilo chinês, e sua relação com o *Te* de Okinawa, que lhe deu origem, não foi devidamente entendida. Há também pessoas que passaram a vê-lo como um mero espetáculo, no qual dois homens se atacam selvagemente, ou em que os competidores se golpeiam como se estivessem numa espécie de luta na qual são usados os pés, ou em que um homem se exibe quebrando tijolos ou outros objetos duros com a cabeça, com as mãos ou com os pés.

É lamentável que o karatê seja praticado apenas como uma técnica de luta. As técnicas básicas foram desenvolvidas e aperfeiçoadas através de longos anos de estudo e de prática; mas, para se fazer um uso eficaz dessas técnicas, é preciso reconhecer o aspecto espiritual dessa arte de defesa pessoal e dar-lhe a devida importância. É gratificante para mim constatar que existem aqueles que entendem isso, que sabem que o karatê-dō é uma verdadeira arte marcial do Oriente, e que treinam com a atitude apropriada.

Ser capaz de infligir danos devastadores no adversário com um soco ou com um único chute tem sido, de fato, o objetivo dessa antiga arte marcial de origem okinawana. Mas mesmo os praticantes de antigamente colocavam maior ênfase no aspecto espiritual da arte do que nas técnicas. Treinar significa treinar o corpo e o espírito e, acima de tudo, a pessoa deve tratar o adversário com cortesia e a devida etiqueta. Não basta lutar com toda a força pessoal; o verdadeiro objetivo do karatê-dō é lutar em nome da justiça.

Gichin Funakoshi, um grande mestre do karatê-dō, observou repetidas vezes que o propósito máximo da prática dessa arte é o cultivo de um espírito sublime, de um espírito de humildade. E, ao mesmo tempo, desenvolver uma força capaz de destruir um animal selvagem enfurecido com um único golpe. Só é possível tornar-se um verdadeiro adepto do karatê-dō quando se atinge a perfeição nesses dois aspectos: o espiritual e o físico.

O karatê como arte de defesa pessoal e como meio de melhorar e manter a saúde existe há muito tempo. Nos últimos vinte anos uma nova atividade ligada a essa arte marcial está sendo cultivada com êxito: o *karatê como esporte*.

No karatê como esporte são realizadas competições com o propósito de determinar a habilidade dos participantes. Isso precisa ser enfatizado, porque também aqui há motivos para se lastimar. Há uma tendência a pôr demasiada ênfase no fato de vencer as competições, negligenciando a prática de técnicas fundamentais, preferindo em vez disso praticar o jiyū kumite na primeira oportunidade.

A ênfase no fato de vencer as competições não pode deixar de alterar as técnicas fundamentais que a pessoa usa e a prática na qual ela se envolve. E, como se isso não bastasse, o resultado será a incapacidade de se executar uma técnica poderosa e eficaz, que é, afinal, a característica peculiar do karatê-dō. O homem que começar a praticar prematuramente o jiyū kumite — sem ter praticado suficientemente as técnicas fundamentais — logo será surpreendido por um oponente que treinou as técnicas básicas longa e diligentemente. É simplesmente uma questão de comprovar o que afirma o velho ditado: a pressa é inimiga da perfeição. Não há outra maneira de aprender, a não ser praticando as técnicas e movimentos básicos, passo a passo, estágio por estágio.

Se é para realizar competições de karatê, que sejam organizadas em condições e no espírito adequado. O desejo de vencer uma disputa é contraproducente, uma vez que leva a uma falta de seriedade no aprendizado dos fundamentos. Além disso, ter como objetivo uma exibição selvagem de força e vigor numa disputa é algo totalmente indesejável. Quando isso acontece, a cortesia para com o adversário é esquecida e esta é de importância fundamental em qualquer modalidade do karatê. Acredito que essa questão merece muita reflexão e cuidado, tanto da parte dos instrutores como da parte dos estudantes.

Para explicar os numerosos e complexos movimentos do corpo, é meu desejo oferecer um livro inteiramente ilustrado, com um texto atualizado, baseado na experiência que adquiri com essa arte ao longo de um período de 46 anos. Esse desejo está sendo realizado com a publicação desta série, *O Melhor do Karatê*, em que meus primeiros escritos foram totalmente revistos com a ajuda e o estímulo de meus leitores. Esta nova série explica em detalhes o que é o karatê-dō, numa linguagem que, se espera, seja a mais simples possível, e espero sinceramente que seja de ajuda aos adeptos dessa arte. Espero também que os karatecas de muitos países consigam se entender melhor depois da leitura desta série de livros.

O QUE É O KARATÊ-DO

O objetivo principal do karatê-do não é decidir quem é o vencedor e quem é o vencido. O karatê-do é uma arte marcial para o desenvolvimento do caráter por meio do treinamento, para que o karateca possa superar quaisquer obstáculos, palpáveis ou não.

O karatê-do é uma arte de defesa pessoal praticado de mãos vazias; nele braços e pernas são treinados sistematicamente e um inimigo, que ataque de surpresa, pode ser controlado por uma demonstração de força igual à que faz uso de armas.

A prática do karatê-do faz com que a pessoa domine todos os movimentos do corpo, como flexões, saltos e balanço, aprendendo a movimentar os membros e o corpo para trás e para a frente, para a esquerda e para a direita, para cima e para baixo, de um modo livre e uniforme.

As técnicas do karatê-do são bem controladas de acordo com a força de vontade do karateca e são dirigidas para o alvo de maneira precisa e espontânea.

A essência das técnicas do karatê-do é o *kime*. O propósito do *kime* é fazer um ataque explosivo ao alvo usando a técnica apropriada e o máximo de força, no menor tempo possível. (Antigamente, usava-se a expressão *ikken hissatsu*, que significa "matar com um golpe", mas concluir disso que matar seja o objetivo dessa técnica é tão perigoso quanto incorreto. É preciso lembrar que o karateca de outrora podia praticar o *kime* diariamente e com uma seriedade absoluta usando o makiwara.)

O *kime* pode ser realizado por golpes, socos ou chutes, mas também pelo bloqueio. Uma técnica sem *kime* jamais pode ser considerada um verdadeiro karatê, por maior que seja a semelhança. A disputa não é uma exceção, embora seja contrário às regras estabelecer contato por causa do perigo envolvido.

Sun-dome significa interromper a técnica imediatamente antes de estabelecer contato com o alvo (um *sun* equivale a cerca de três centímetros). Mas excluir o *kime* de uma técnica descaracteriza o verdadeiro karatê, de modo que o problema é como conciliar a contradição entre *kime* e *sundome*. A resposta é a seguinte: determine o alvo levemente à frente do ponto vital do adversário. Ele pode então ser atingido de uma maneira controlada com o máximo de força, sem que haja contato.

O treino transforma as várias partes do corpo em armas, que podem ser usadas de modo livre e eficaz. A qualidade necessária para se conseguir isso é o autocontrole. Para tornar-se um vencedor, a pessoa antes precisa vencer a si mesma.

KATA

Os *kata* do karatê-dō são combinações lógicas de técnicas de bloqueio, soco, golpe e chute em seqüências predeterminadas. Cerca de cinqüenta kata, ou "exercícios formais", são praticados atualmente; alguns deles passaram de geração em geração, enquanto outros foram desenvolvidos bastante recentemente.

Os kata podem ser divididos em duas grandes categorias. Em uma delas se encontram os kata apropriados para o desenvolvimento físico, o fortalecimento dos ossos e músculos. Apesar de aparentemente simples, eles requerem tranqüilidade para serem executados e passam a impressão de força e dignidade quando praticados corretamente. Na outra categoria encontram-se os kata apropriados para o desenvolvimento de reflexos rápidos e da capacidade de se mover com agilidade. Os movimentos-relâmpago desses kata sugerem o vôo rápido da andorinha. Todos os kata requerem e ajudam a desenvolver ritmo e coordenação.

O treino nos kata tanto é espiritual quanto físico. Na execução dessas técnicas, o karateca deve mostrar coragem e confiança, mas também humildade, gentileza e um senso de decoro, integrando assim o corpo e a mente numa disciplina singular. Como Gichin Funakoshi lembrava freqüentemente a seus discípulos, "sem cortesia, o karatê-dō perde o seu espírito".

Uma expressão dessa cortesia é a inclinação da cabeça feita no início e ao término de cada luta. A postura é a *musubi-dachi* (postura informal de atenção), com os braços relaxados, as mãos tocando levemente as coxas e os olhos dirigidos diretamente para a frente.

Da reverência no início do kata, a pessoa passa ao *kamae* do primeiro movimento do kata. Essa é uma postura descontraída, em que a tensão, particularmente nos ombros e nos joelhos, deve ser eliminada e a respiração, deve fluir com facilidade. O centro da força e da concentração é o *tanden*, o centro de gravidade. Nessa posição, o karateca deve estar preparado para qualquer eventualidade e mostrar-se cheio de espírito de luta.

O estado relaxado mas alerta também caracteriza a reverência ao término do kata e é chamado *zanshin*. No karatê-dō, como em outras artes marciais, levar o kata a uma conclusão perfeita é da maior importância.

Cada kata começa com uma técnica de bloqueio e consiste num número específico de movimentos a serem executados numa ordem predeterminada. Há uma variação na complexidade dos movimentos e no tempo necessário para concluí-los, mas cada movimento tem seu próprio significado e função, e nada nele é supérfluo. A atuação é feita ao longo da *embusen* (linha de atuação), cuja configuração é determinada para cada kata.

Ao executar um kata, o karateca deve se imaginar cercado de adversários e estar preparado para executar técnicas de defesa e ataque em qualquer direção.

O domínio dos kata é um pré-requisito para que se passe pelos *kyū* e *dan*, conforme é mostrado a seguir:

8º *kyū*	Heian 1
7º *kyū*	Heian 2
6º *kyū*	Heian 3
5º *kyū*	Heian 4
4º *kyū*	Heian 5
3º *kyū*	Tekki 1
2º *kyū*	Outros kata que não sejam Heian nem Tekki
1º *kyū*	Outros que não sejam os acima
1º *dan*	Outros que não sejam os acima
2º *dan* e os *kyū* acima	Kata livres

Os kata livres podem ser escolhidos entre os Bassai, Kankū, Jitte, Hangetsu, Empi, Gankaku, Jion, Tekki, Nijūshihō, Gojūshihō, Unsu, Sōchin, Meikyō, Chintei, Wankan e outros.

Pontos Importantes

Como os efeitos da prática são cumulativos, pratique todos os dias, mesmo que seja por alguns minutos apenas. Ao executar um kata, mantenha-se calmo e nunca realize os movimentos com pressa. Isso significa estar sempre atento ao tempo correto de execução de cada movimento. Se um determinado kata se mostrar difícil, dê-lhe mais atenção e lembre-se sempre da relação entre a prática do kata e do kumite.

Os pontos específicos no desempenho são:

1. *Ordem correta.* O número e a seqüência dos movimentos são predeterminados. Todos têm de ser executados.

2. *Começo e término.* O kata tem de ser iniciado e concluído no mesmo ponto da *embusen*. Isso requer prática.

3. *Significado de cada movimento.* Cada movimento, de defesa ou ataque, tem de ser claramente entendido e plenamente expressado. Isso vale também para os kata na sua totalidade, pois cada um deles tem características próprias.

4. *Consciência do alvo.* O karateca tem de saber qual é o alvo e quando executar uma técnica.

5. *Ritmo e senso do momento oportuno.* O ritmo tem de ser apropriado a cada kata em particular e o corpo precisa estar flexível, nunca tenso demais. Lembre-se dos três fatores do uso correto da força, da rapidez ou da lentidão na execução das técnicas e do estiramento e contração dos músculos.

6. *Respiração adequada.* A respiração deve ser alterada de acordo com a situação, mas basicamente deve-se inspirar ao fazer o bloqueio e expirar ao executar uma técnica de arremate, e inspirar e expirar ao executar técnicas sucessivas.

Com relação à respiração, há o *kiai*, que ocorre em meio ou ao término do kata, no momento da tensão máxima. A expiração muito intensa e a contração do abdômen podem dotar os músculos de uma força extra.

Ritmo

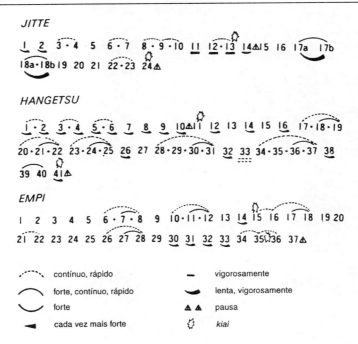

1
JITTE

Yoi

Dobre os cotovelos, envolva levemente o punho direito com a mão esquerda e leve as mãos à frente do queixo (a uns 20 cm) para *kamae*.

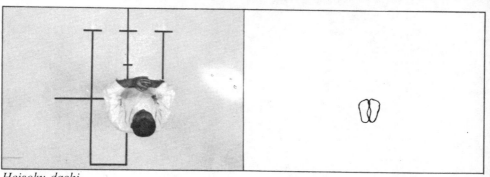

Heisoku-dachi

1. *Uhai tekubi chūdan osae-uke*
Hidari ken hidari koshi

Bloqueio de nível médio pressionando com o dorso do pulso direito/Punho esquerdo no lado esquerdo Flexione o pulso direito e dobre os dedos nas articulações médias.

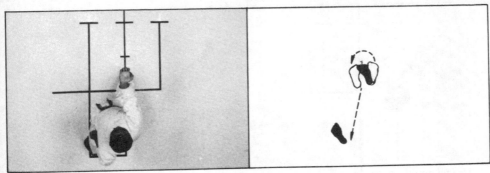

1. *Migi zenkutsu-dachi*

2. *Migi teishō gedan osae-uke / Hidari teishō chūdan oshi-age-uke*

Bloqueio de nível inferior pressionando com a base da palma direita/De nível médio pressionando para cima com a base da palma esquerda Execute 1 e 2 lentamente.

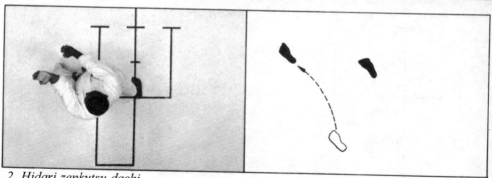

2. Hidari zenkutsu-dachi

3 *Hidari shō chūdan osae-uke*

Bloqueio de nível médio pressionando com a mão esquerda Vire a cabeça para a direita, o antebraço esquerdo paralelo ao tórax. Mantenha o cotovelo no lugar.

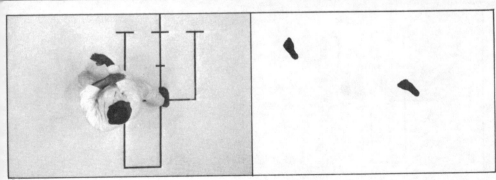

4. Migi shō tekubi migi sokumen chūdan kake-uke
Hidari ken hidari koshi

Bloqueio em gancho de nível médio direito com a mão e o pulso direitos/Punho esquerdo no lado esquerdo Yori-ashi, meio passo à direita.

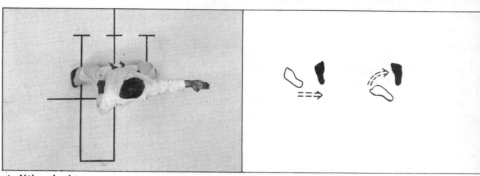

4. Kiba-dachi

5. Migi teishō migi sokumen chūdan yoko uchi / Hidari ken hidari koshi

Golpe lateral no nível médio para a direita com a base da palma direita/Punho esquerdo no lado esquerdo. A perna esquerda é pivô. Dobre o cotovelo direito.

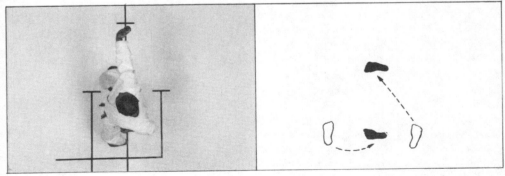

5. Kiba-dachi

6

Hidari teishō hidari sokumen chūdan yoko uchi
Migi ken migi koshi

Golpe lateral no nível médio à esquerda com a base da palma esquerda/Punho direito no lado direito Perna direita como pivô, gire os quadris à direita.

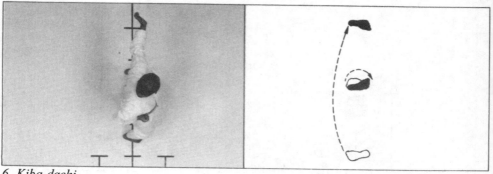

6. Kiba-dachi

7. Migi teishō migi sokumen chūdan yoko uchi
Hidari ken hidari koshi

Golpe lateral no nível médio à direita com a base da palma direita/Punho esquerdo no lado esquerdo Perna esquerda como pivô, gire os quadris à esquerda.

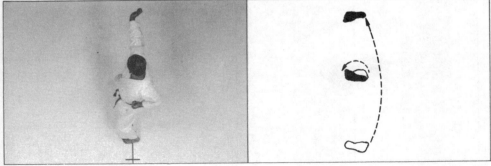

7. Kiba-dachi

8 Ryō ken jōdan jūji uke

Bloqueio em X de nível superior com ambos os punhos Pulso direito na frente para o bloqueio em X.

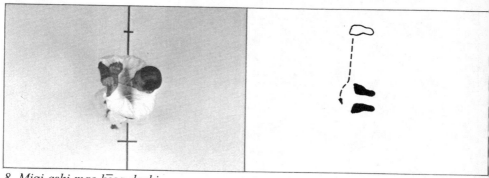

8. Migi ashi mae kōsa-dachi

9 Ryō ken ryō soku gedan uchi-barai

Bloqueio varrendo no nível inferior para ambos os lados com os dois pulsos Dorso dos punhos para fora; mãos a não mais de 20 cm do corpo.

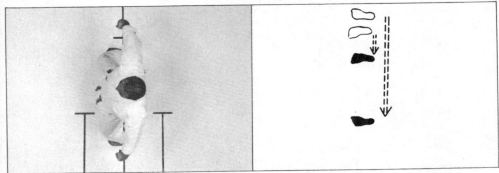

9. Kiba-dachi

10. Yama-gamae (Jodan kakiwake uke)

Postura da montanha (Bloqueio em cunha invertido de nível superior)
Yori-ashi gradual para a esquerda. Cruze os braços na frente do tórax.

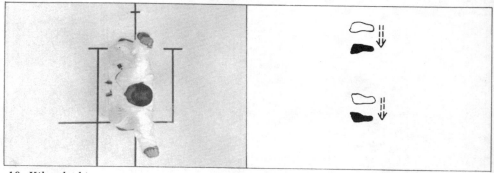

10. Kiba-dachi

11. *Hidari ken tekubi jōdan yoko uchi-barai*

Bloqueio do nível superior varrendo lateralmente com o pulso esquerdo Mantendo a postura da montanha, vire a cabeça à direita; gire os quadris à direita.

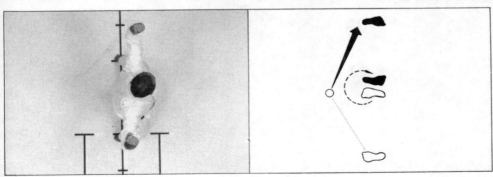

11. Kiba-dachi

12. Migi ken tekubi jōdan yoko uchi-barai

Bloqueio do nível superior varrendo lateralmente com o pulso direito. Gire os quadris para a esquerda.

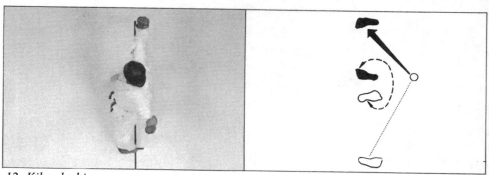

12. Kiba-dachi

13. *Hidari ken tekubi jōdan yoko uchi-barai*

Bloqueio do nível superior varrendo lateralmente com o pulso esquerdo. Gire os quadris para a direita. Vire a cabeça simultaneamente com o giro dos quadris.

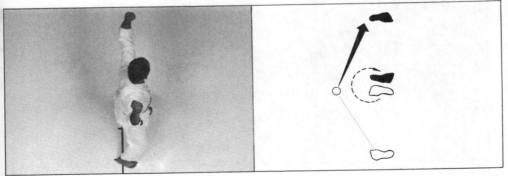

13. *Kiba-dachi*

14. Ryō ken tai soku ni kakiwake orosu

Arremesso de ambos os punhos para os lados do corpo. Ambos os pés no lugar; endireite ligeiramente os joelhos. Reduza a força calmamente.

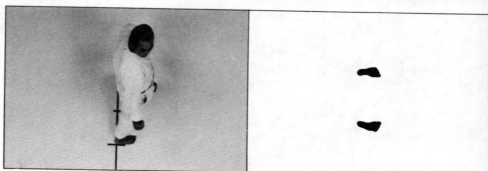

14.

15 Migi shutō jōdan uke
Hidari ken hidari koshi

Bloqueio do nível superior com a mão direita em espada/Punho esquerdo no lado esquerdo Rosto para a direita; leve rápido a mão direita para cima em diagonal.

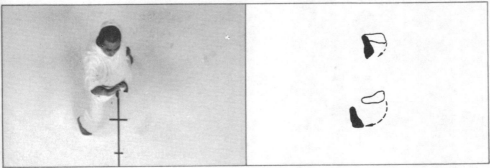

15. Migi zenkutsu-dachi

16. Ryō shō kōkō bō uke

Bloqueio de ataque de bastão com bocas de tigre Vire o tronco ligeiramente para a direita. As mãos devem formar uma linha vertical reta.

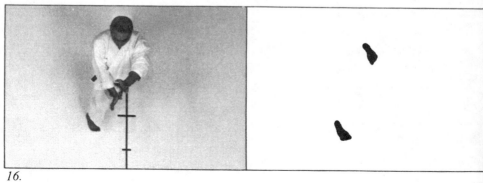

16.

17 a
Migi shō migi kata ue
Hidari shō migi waki

Mão direita acima do ombro direito/Mão esquerda à direita do tórax
Gire os quadris para a direita. Levante bem a perna esquerda.

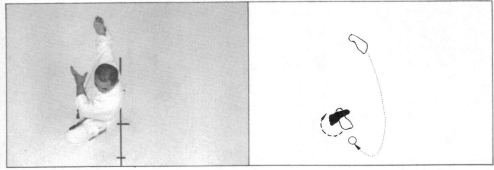

17a. *Migi ashi-dachi*

17b

Migi shō jōdan oshidashi
Hidari shō gedan oshidashi

Arremetida no nível superior com a mão direita/Arremetida no nível inferior com a mão esquerda   Avance rápido o pé esquerdo, aplicando força gradualmente.

17b. Hidari zenkutsu-dashi

18 a Hidari shō hidari kata ue
Migi shō hidari waki

Mão esquerda acima do ombro esquerdo/Mão direita no lado esquerdo do corpo. Vire o tronco ligeiramente para a esquerda.

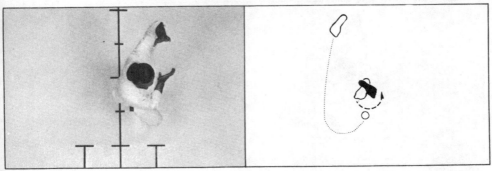

18a. Hidari ashi-dachi

18 b *Hidari shō jōdan oshidashi*
Migi shō gedan oshidashi

Arremetida no nível superior com a mão esquerda/Arremetida no nível inferior com a mão direita **Yori-ashi** *com o pé direito (como o chute triturador).*

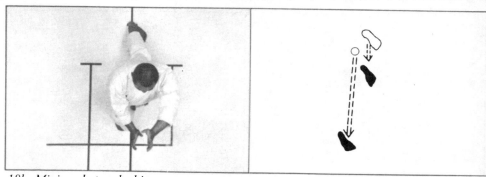

18b. Migi zenkutsu-dachi

19

Migi ken migi sokumen jōdan uchi uke
Hidari ken hidari sokumen gedan uke

Bloqueio de nível superior para a direita, de dentro para fora, com o punho direito/Bloqueio do nível inferior para a esquerda com o punho esquerdo

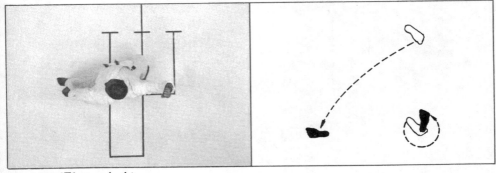

19. Migi kōkutsu-dachi

20 *Hidari ken hidari sokumen jōdan uchi uke*
Migi ken migi sokumen gedan uke

Bloqueio de nível superior para a esquerda, de dentro para fora, com o punho esquerdo/Bloqueio de nível inferior para a direita com o punho direito

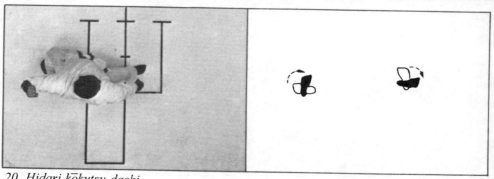

20. Hidari kōkutsu-dachi

21. *Hidari ken jōdan age-uke*

Bloqueio ascendente de nível superior com o punho esquerdo

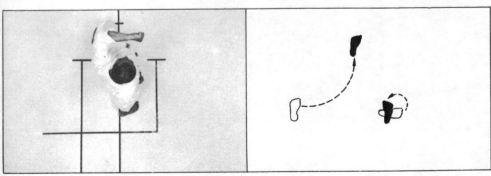

21. *Hidari zenkutsu-dachi*

22. Migi jōdan age-uke

Bloqueio ascendente de nível superior direito

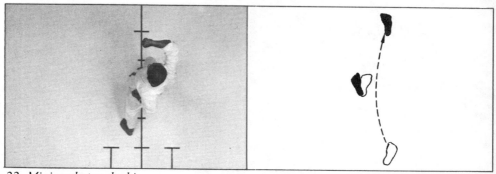

22. Migi zenkutsu-dachi

23 Hidari jōdan age-uke

Bloqueio ascendente de nível superior esquerdo Com a perna direita como pivô, gire os quadris para a esquerda.

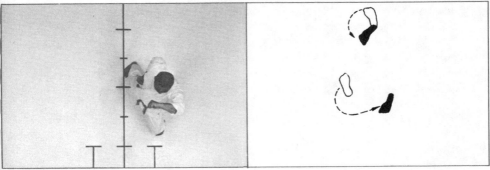

23. Hidari zenkutsu-dachi

24 *Migi jōdan age-uke*

Bloqueio ascendente de nível superior direito

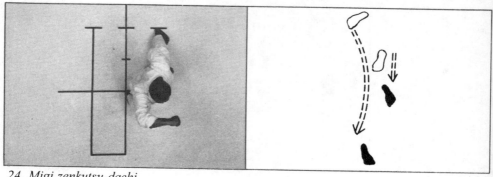

24. Migi zenkutsu-dachi

Naore

A perna direita é pivô. Enquanto se vira para a esquerda, leve o pé esquerdo para junto do pé direito; volte à postura de *yōi*.

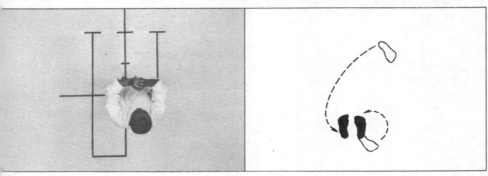

Shizen-tai

JITTE: PONTOS IMPORTANTES

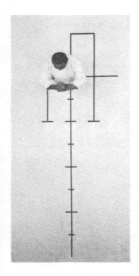

A idéia implícita na palavra *Jitte* é que o domínio desse kata deve capacitar o praticante a realizar a ação de dez homens. Ele ensina técnicas que permitem enfrentar ataques desferidos com armas, especialmente bastões.

Um bloqueio vigoroso exige o domínio completo de vários pontos importantes encontrados também no kata Heian 3, como o papel fundamental dos quadris na concentração da força. O kata Jitte ajuda a fortalecer os ossos e os tendões; também ajuda a compreender a importância de se manter certa tensão nas partes laterais do tórax e de se saber controlar essa tensão, por exemplo, ao girar o tronco depois de bloquear, ao derrubar o oponente ou ao agarrar o adversário a força.

Vinte e quatro movimentos. Aproximadamente um minuto.

1. Movimento 1: Contra um ataque com bastão desferido pela frente na diagonal, mova o antebraço para baixo desde a altura do queixo. Movimento 2: Vire o pulso direito, pegando o bastão, e empurre-o para cima com a mão esquerda. Saber qual o momento certo para empurrar — para baixo e para cima — é muito importante. Flexione os pulsos completamente em ângulos retos. Você pode bloquear o golpe do oponente empurrando o bastão para baixo com a base da palma direita. Golpeie o queixo do adversário com a base da palma esquerda.

2. Movimentos 5-6: Contra um ataque com bastão desferido pela frente, gire o quadril direito para assumir a postura do cavaleiro. Desvie o bastão com a base da palma direita, agarre-o e leve o pé esquerdo à frente. Agarre o bastão com a mão esquerda, com o movimento de varrer começando na direção oposta. São necessários coordenação do movimento das mãos e do giro do quadril, controle instantâneo do tempo e contração adequada das laterais do tórax.

3. Movimentos 8-9: Contra um ataque com bastão desferido pela frente, assuma a postura de pés cruzados, cruze as mãos, arremeta para cima, bloqueando com um bloqueio em × de nível superior. Deslizando o pé esquerdo para a esquerda, agarre o bastão com a mão direita e desvie-o para a direita.

4. Movimento 10: Contra um ataque desferido contra o rosto, cruze as mãos na frente do rosto e bloqueie com a parte superior do antebraço direito. Deslize o pé para a esquerda.

5. Movimento 12: Num ataque contra o rosto, desvie o bastão com a lateral do pulso num movimento coordenado com o giro dos quadris. Simultaneamente, levante bem o joelho e desfira um chute triturador contra a coxa do oponente ou contra o dorso do pé dele. Ao girar os quadris e bloquear, o abdômen, o peito e os braços devem ter a solidez de uma tábua.

6. Movimentos 15-17: Se o adversário atacar com o bastão pelo alto, bloqueie com a mão direita em espada. Virando o pulso, agarre o bastão; com o cotovelo como centro do movimento, empurre para baixo; simultaneamente, empurre para cima com a mão esquerda. Se o oponente persistir, levante bem a mão direita para o lado da cabeça e agarre o bastão com a sensação de girá-lo. Tanto ao bloquear como ao agarrar o bastão, não vire muito os braços. Contraia com firmeza as laterais do tórax. Mantenha o bastão perto do corpo do oponente.

2
HANGETSU

Yoi

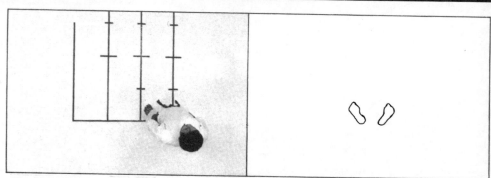

Hachinoji-dachi shizen-tai

1   *Hidari chūdan uchi uke*

Bloqueio de nível médio esquerdo, de dentro para fora   Deslize o pé esquerdo em semicírculo. Vire o punho esquerdo, aplicando a força gradualmente.

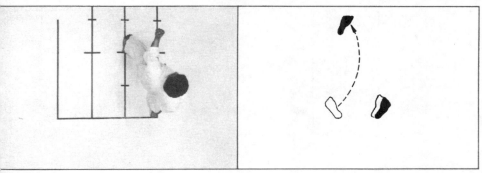

..Hidari mae hangetsu-dachi

2. Migi chūdan choku-zuki

Soco direto no nível médio com o punho direito

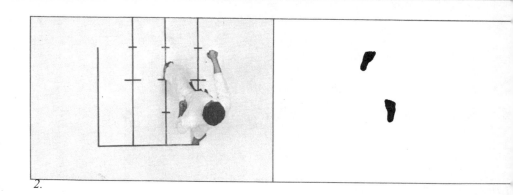

2.

3. *Migi chūdan uchi uke*

Bloqueio de nível médio direito, de dentro para fora

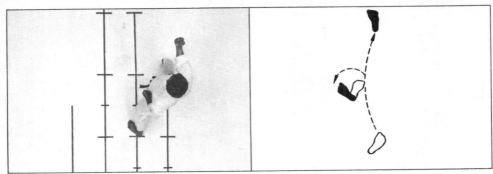

3. Migi mae hangetsu-dachi

4. Hidari chūdan choku-zuki

Soco direto no nível médio com o punho esquerdo

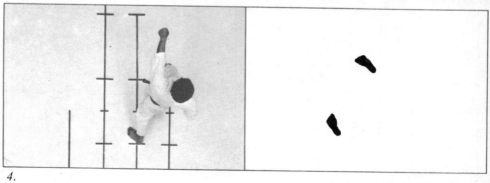

4.

5 Hidari chūdan uchi uke

Bloqueio de nível médio esquerdo, de dentro para fora

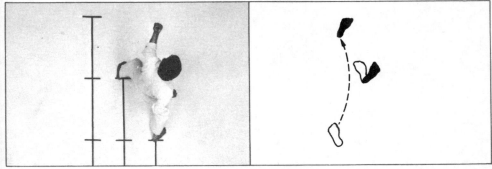

5. Hidari mae hangetsu-dachi

6 *Migi chūdan choku-zuki*

Soco direto no nível médio com o punho direito

6.

7 Ryō ippon ken ryō chichi mae ni kamaeru

Kamae de punhos com o nó de um dedo, na frente dos mamilos Projete o punho esquerdo à frente, alinhando-os; simultaneamente, leve os dois punhos aos mamilos.

7.

8 — Ryō ippon ken chūdan choku-zuki

Socos diretos no nível médio com punhos como nó de um dedo

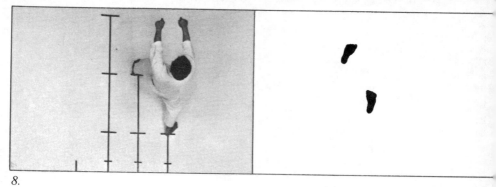

8.

9 Ryō shō yama-gamae

Postura da montanha com ambas as mãos Forme ângulos retos com os cotovelos. Braços e cabeça formam o ideograma para montanha (山).

9.

10. *Ryō shō ryō soku gedan barai*

Bloqueio para baixo e para os lados com ambas as mãos Execute os movimentos de 1 a 10 lentamente, com toda a calma. No *kime* aplique força total.

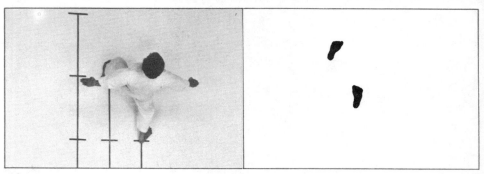

10.

11 — Migi shō chūdan uchi uke / Hidari shō gedan barai

...oqueio de nível médio, de dentro para fora, com a mão direita/Bloqueio para baixo
...m a mão esquerda Estique os dedos indicadores, flexione os demais.

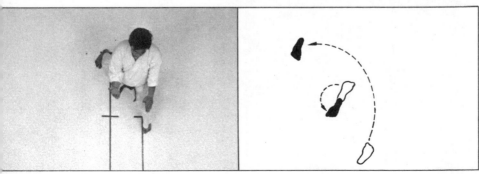

1. Hidari mae hangetsu-dachi

12 *Migi shō tsukami-uke / Hidari shō sono mama*

Bloqueio agarrando com a mão direita/Mão esquerda como na foto Deslocando ligeiramente o cotovelo direito para a direita, vire o pulso direito.

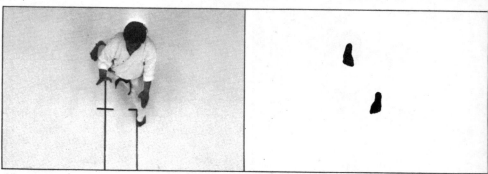

12.

13. Hidari shō chūdan uchi uke / Migi shō gedan barai

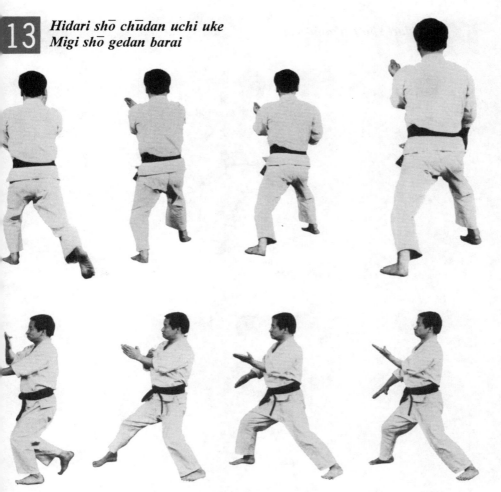

Bloqueio de nível médio, de dentro para fora, com a mão esquerda/Bloqueio para baixo com a mão direita

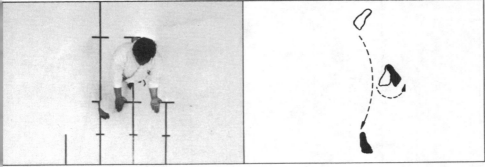

13. Migi mae hangetsu-dachi

14 — Hidari shō tsukami-uke

Bloqueio agarrando com a mão esquerda Execute esse movimento lentamente.

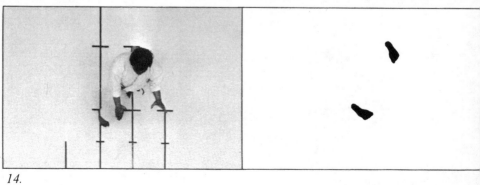

14.

15. *Migi shō chūdan uchi uke / Hidari shō gedan barai*

Bloqueio de nível médio, de dentro para fora, com a mão direita/Bloqueio para baixo com a mão esquerda

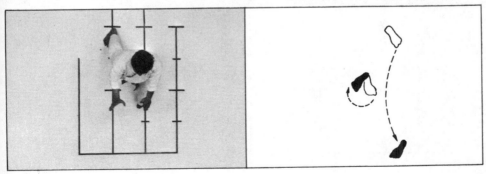

15. *Hidari mae hangetsu-dachi*

16 *Migi shō tsukami-uke*

Bloqueio agarrando com a mão direita Execute o movimento lentamente.

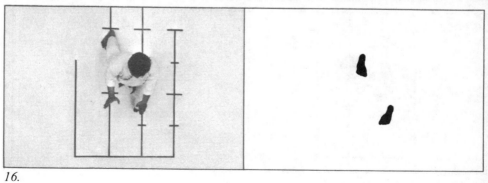

16.

17
Migi ken chūdan uchi uke
Hidari ken hidari koshi

Bloqueio de nível médio, de dentro para fora, com o punho direito/Punho esquerdo ao lado esquerdo Deslize o pé direito num arco em meia-lua para o lado.

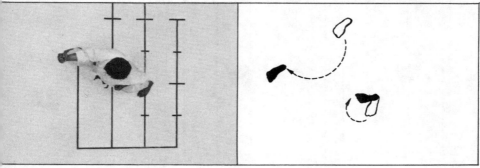

17. Migi mae hangetsu-dachi

18 *Hidari ken chūdan choku-zuki*   **19** *Migi ken chūdan choku-zuki*

Soco direto no nível médio com o punho esquerdo

Soco direto no nível médio com o punho direito

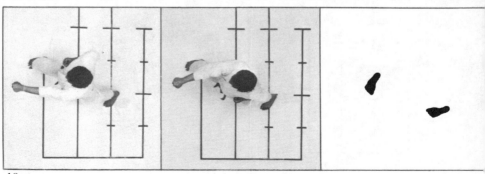

18.

20 *Hidari ken chūdan uchi uke*

Bloqueio de nível médio, de dentro para fora, com o punho esquerdo
Yori-ashi, para olhar na direção oposta.

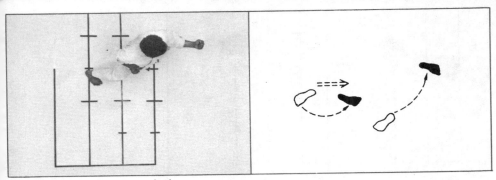

20. *Hidari mae hangetsu-dachi*

21 *Migi ken chūdan choku-zuki*

22 *Hidari ken chūdan choku-zuki*

Soco direto no nível médio com o punho direito

Soco direto no nível médio com o punho esquerdo

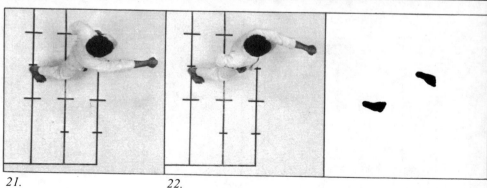

21. 22.

23. Migi ken chūdan uchi uke

Bloqueio de nível médio, de dentro para fora, com o punho direito Yori-ashi pequeno.

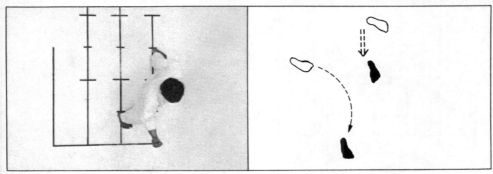

23. Migi mae hangetsu-dachi

24 *Hidari ken chūdan choku-zuki* **25** *Migi ken chūdan choku-zuki*

Soco direto no nível médio com o punho esquerdo

Soco direto no nível médio com o punho direito

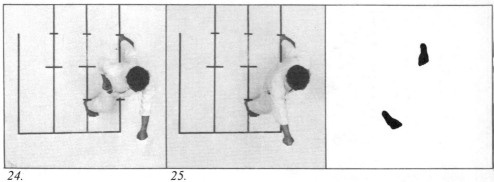

24. 25.

26. Hidari uraken tate mawashi-uchi
Migi ken migi koshi

Golpe vertical com o dorso do punho esquerdo/Punho direito no lado direito Gire os quadris à esquerda, a sola do pé esquerdo até o joelho direito e erga a perna.

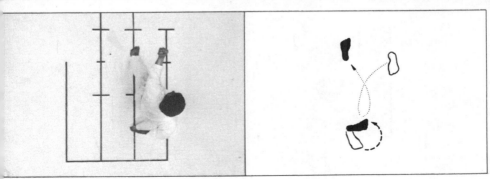

26. Migi kōkutsu-dachi

27 *Hidari ken sono mama*
Migi ken migi koshi

Punho esquerdo como na foto/Punho direito no lado direito Lenta e calmamente.

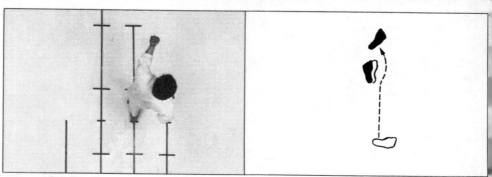

27. *Hidari ashi-dachi*

28

**Hidari ken migi kata ue e hiku
Hidari mae keage**

Punho esquerdo acima do ombro direito/Chute explosivo para a frente com a perna esquerda Peso do corpo para a perna direita. Erga a mão e chute.

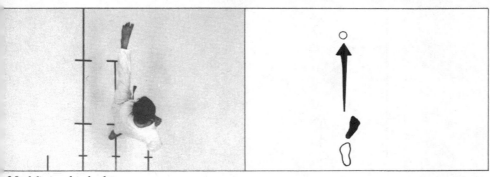

28. Migi ashi-dachi

29 *Hidari ken gedan-zuki*

Soco no nível inferior com o punho esquerdo Baixe a perna de chute na frente da perna direita. Golpeie um pouco mais embaixo.

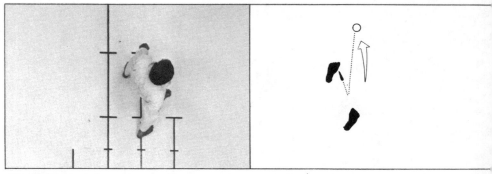

29. *Hidari mae hangetsu-dachi*

30 *Migi ken chūdan-zuki*

Soco no nível médio com o punho direito   Gire os quadris para a esquerda.

30.

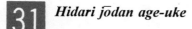

31. Hidari jōdan age-uke

Bloqueio para cima, de nível superior esquerdo

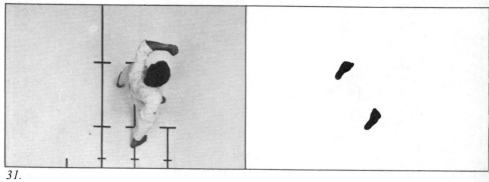

31.

32 · Migi uraken tate mawashi-uchi

Golpe vertical com o dorso do punho direito Gire os quadris para a direita, inverta a direção.

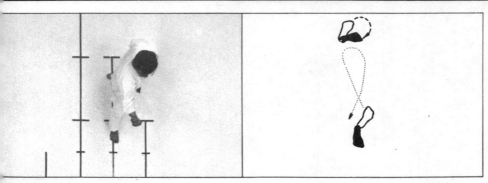

32. Hidari kōkutsu-dachi

33 *Sono mama*

Postura como está na foto

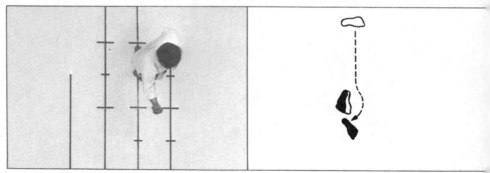

33. Migi ashi-dachi

34. Migi ken hidari kata ue e hiku
Migi mae keage

Punho direito acima do ombro esquerdo/Chute explosivo à frente com a perna direita

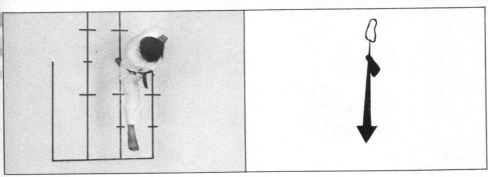

34. Hidari ashi-dachi

35 *Migi ken gedan-zuki*

Soco no nível inferior com o punho direito

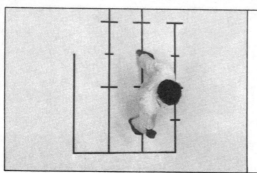
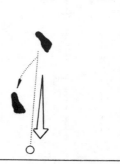

35. Migi mae hangetsu-dachi

36 *Hidari ken chūdan-zuki*	**37** *Migi jōdan age-uke*

Soco no nível médio com o punho esquerdo	*Bloqueio ascendente, de nível superior direito*

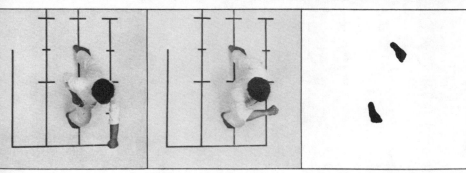

36.   37.

38 *Hidari uraken tate mawashi-uchi*

Golpe vertical com o dorso do punho esquerdo Gire os quadris para a esquerda, inverta a direção. Punho esquerdo do quadril direito até acima da cabeça.

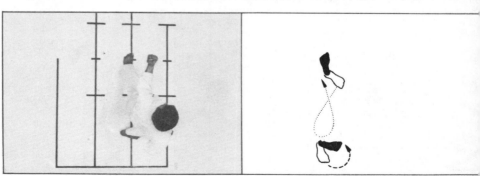

38. Migi kōkutsu-dachi

39 *Migi chūdan mikazuki-geri*

Chute crescente no nível médio à direita Desloque o peso do corpo para a perna esquerda. Toque a palma esquerda com o pé direito.

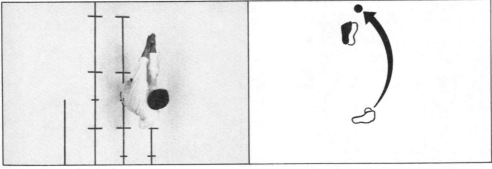

39. *Hidari ashi-dachi*

40 *Migi ken gedan-zuki*

Soco no nível inferior com o punho direito Baixe a perna de chute recuando-a para trás.

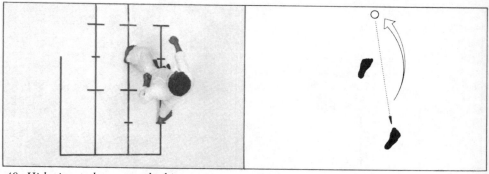

40. Hidari mae hangetsu-dachi

41 Gedan gasshō uke

Bloqueio de nível inferior com as bases das palmas das mãos unidas Mova as mãos para os lados; leve-as para a frente, unindo as bases das palmas das mãos.

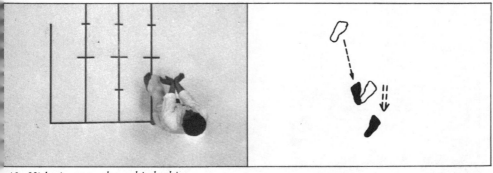

41. Hidari mae neko-ashi-dachi

Naore

Recuando a perna esquerda, retorne à posição de *yōi*.

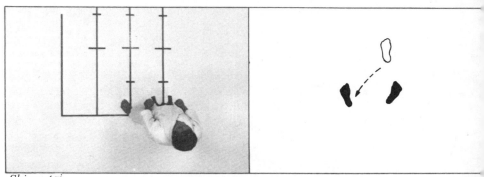

Shizen-tai

HANGETSU: PONTOS IMPORTANTES

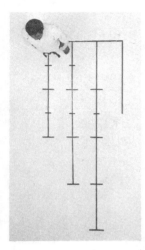

No curso do seu desenvolvimento, este kata, inicialmente chamado Seishan, passou a ser conhecido pelo nome de Hangetsu (meia-lua), devido aos movimentos semicirculares das mãos e dos pés, com os quais é realizado.

São características desse kata as técnicas rápidas e lentas, os movimentos de mãos e pés coordenados com a respiração e o deslizamento dos pés em movimentos em arco. Os movimentos dos pés são sempre úteis para que o karateca se insinue entre as pernas do oponente, atacando e perturbando o equilíbrio dele. Os movimentos com deslizamento dos pés no Hangetsu são mais eficazes para ataques de perto.

Quarenta e um movimentos. Cerca de um minuto.

1   2

1. Hangetsu-dachi: Nesta posição, ligeiramente mais fechada do que a posição frontal, os pés são voltados para dentro e os calcanhares alinhados; os dois joelhos também se voltam para dentro. É importante que os calcanhares e as laterais externas dos pés (*sokutō*) estejam firmes no chão.
2. Movimento 7: Enquanto faz o punho com o nó de um dedo, leve a mão direita na direção do mamilo direito. Ao mesmo tempo, inicie o movimento da mão esquerda. Quando ela estiver alinhada com a direita, vire o pulso e, junto com a direita, leve-a até o mamilo esquerdo.

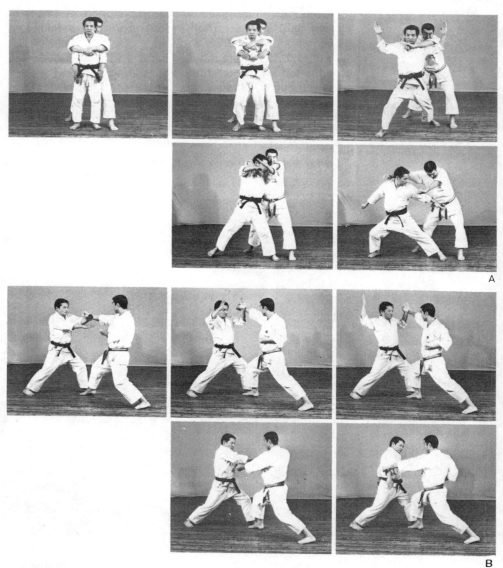

3. Movimentos 9-10: (A) Quando agarrado por trás, você pode se soltar dos braços do oponente dando um passo firme à frente, flexionando os cotovelos e levantando os braços. A eficácia desse movimento está em levantar os braços e, ao mesmo tempo, deslizar o pé à frente. (B) Desvie um ataque no nível superior de dentro para fora usando a lateral superior do antebraço (*haiwan*). Se o adversário atacar no nível médio, bloqueie varrendo com *haiwan*, virando a mão para baixo e para fora desde um ponto acima da cabeça.

4. Movimentos 11-12: Depois de bloquear com a mão em espada, vire o pulso, agarre o braço do oponente e puxe. Contra-ataque com a outra mão em espada. Ao puxar o braço, não deixe que ele ultrapasse a lateral do seu corpo. É muito importante manter o braço colado ao corpo.

5. Movimento 26: Quando o alvo do oponente for a sua perna de trás, levante o joelho até a altura do tórax. No momento em que você for baixar o pé, ataque o rosto do adversário com o dorso do punho na vertical. Dobre e firme o tornozelo e o joelho da perna de apoio para manter o equilíbrio.

6. Movimentos 27-29: Quando seu pulso for agarrado e a distância não for adequada para chutar nem para golpear, não mova o braço preso. Calmamente, para que o adversário não entenda o movimento, cruze o pé de trás na frente do outro pé. Contra-ataque imediatamente com um chute no nível médio, levando a mão, agora solta, até um ponto acima do ombro. No kumite, quando a distância for muito grande para chutar ou para soquear, sem mover o punho ou o tronco, cruze o pé de trás na frente do pé que está na frente, com calma e rapidez. Em seguida, chute.

7. Movimentos 39-40: Bloqueando um ataque no nível médio com um chute crescente, recue a perna de chute e, ao mesmo tempo, contra-ataque com um soco no nível médio. O ponto importante do chute crescente é levantar bem o joelho.

8. Movimento 41: Contra um ataque com chute, recue a perna da frente para a postura do gato e bloqueie usando as bases das palmas unidas. Se os quadris não estiverem firmes, será difícil reagir a um chute forte; assim, em vez de recuar a perna, será mais eficaz assentar os quadris sobre o calcanhar de apoio de trás.

3
EMPI

Yoi

Mão esquerda no lado esquerdo (palma para a direita). Punho direito na palma esquerda (dorso da mão para a frente).

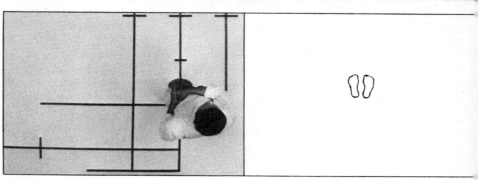

Shizen-tai

1
Migi ken gedan barai
Hidari ken migi mune mae kamae

Bloqueio para baixo com o punho direito/Kamae do punho esquerdo na frente do lado direito do tórax Joelho direito tocando o calcanhar esquerdo.

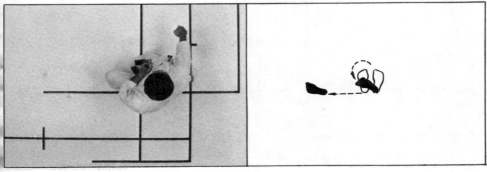

1. Migi ashi orishiku

2. Ryō ken hidari koshi kamae

Kamae de ambos os punhos no lado esquerdo Dorso do punho esquerdo voltado para baixo. Dorso do punho direito para a frente.

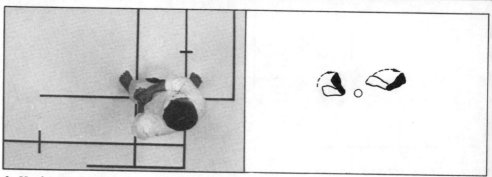

2. Hachinoji-dachi

3. *Migi gedan barai*

Bloqueio direito para baixo

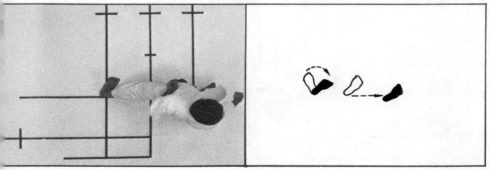

3. *Migi hiza kussu*

4. Hidari ude mizu-nagare kamae
Migi ken migi koshi

Posição da água corrente do braço esquerdo/Punho direito no lado direito
Vire a cabeça para a frente.

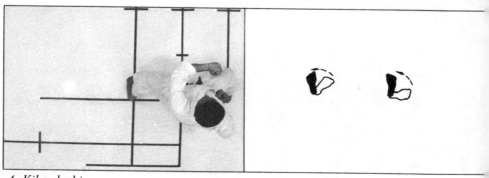

4. Kiba-dachi

5. Hidari gedan barai

Bloqueio esquerdo para baixo

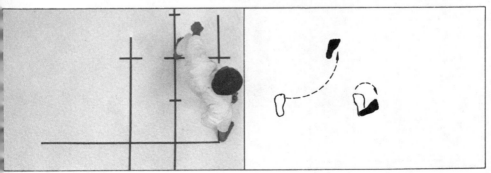

5. Hidari zenkutsu-dachi

6 — Migi ken jōdan age-zuki

Soco ascendente no nível superior com o punho direito Vire o tronco ligeiramente para a esquerda.

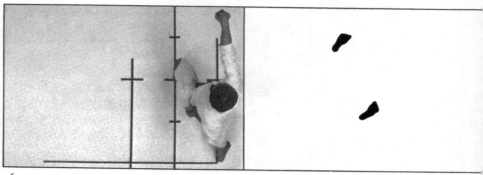

6.

7. Migi ken hidari kata ue / Hidari ken gedan-zuki

Punho direito acima do ombro esquerdo/Soco para baixo com o punho esquerdo
Abra a mão direita; em seguida, feche-a em punho. Recue-a com vigor.

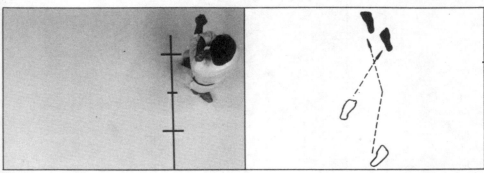

7. Migi ashi-dachi

8. Migi gedan barai
Hidari ken hidari koshi

Bloqueio direito para baixo/Punho esquerdo no lado esquerdo Recue meio passo o pé esquerdo. O pulso direito passa acima, próximo do braço esquerdo.

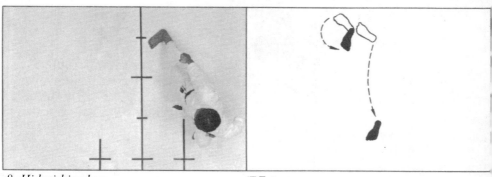

8. Hidari hiza kussu   運足 7

9. *Hidari gedan barai*

Bloqueio esquerdo para baixo Gire os quadris para a esquerda, inverta a direção.

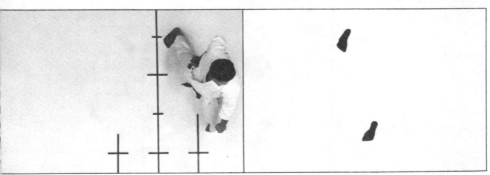

9. *Hidari zenkutsu-dachi*

10 *Migi ken jōdan age-zuki*

Soco ascendente no nível superior com o punho direito Vire o tronco ligeiramente para a esquerda.

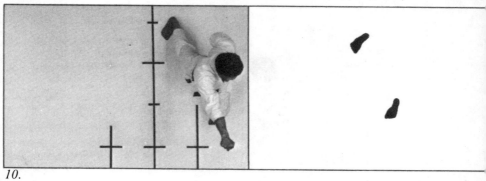

10.

11. Migi ken hidari kata ue / Hidari ken gedan-zuki

Punho direito acima do ombro esquerdo/Soco para baixo com o punho esquerdo
Salte um passo à frente. Cruze o pé esquerdo atrás do calcanhar direito.

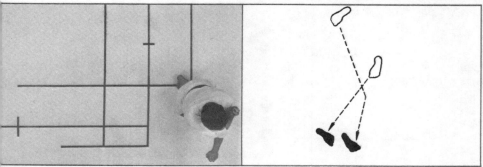

11. Migi ashi-dachi

12. Migi gedan barai

Bloqueio direito para baixo Incline o tronco ligeiramente para a esquerda.

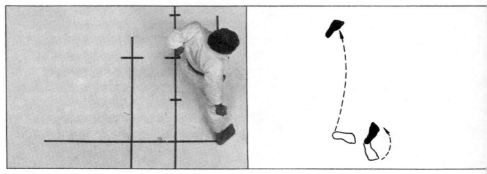

12. Hidari hiza kussu

13 Hidari gedan barai

Bloqueio esquerdo para baixo Pés no lugar, inverta a direção da parte superior do corpo.

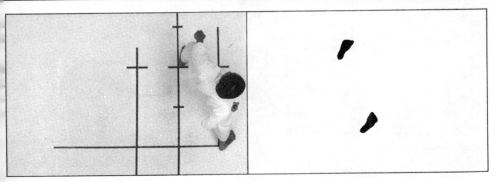

13. *Hidari zenkutsu-dachi*

14. Hidari shō hidari naname zempō kamae / Migi ken migi koshi

Kamae da mão esquerda na diagonal para a frente à esquerda/Punho direito no lado direito Levante o tronco, peso na perna direita. Movimento lento.

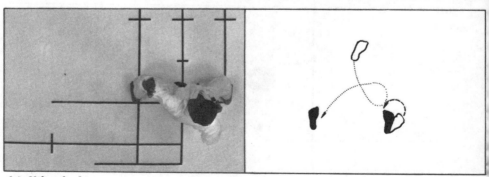

14. Kiba-dachi

15. *Migi ken tekubi hidari shō uchiate*

Toque a mão esquerda com o pulso direito Gire o punho direito num movimento amplo, com o dorso do punho para a frente. Vire a cabeça para a frente.

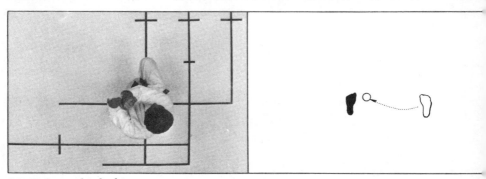

15. *Hidari ashi-dachi*

16 *Hidari tate shutō chūdan uke*
Migi ken migi koshi

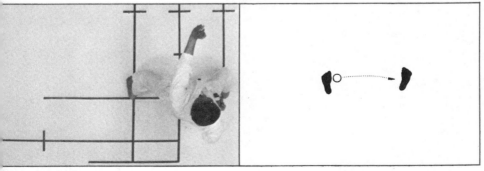

16. *Kiba-dachi*

Bloqueio de nível médio com a mão esquerda em espada vertical/Punho direito no lado direito Gire a mão esquerda desde a axila direita. Abra a mão direita.

17 *Migi ken chūdan-zuki*

Soco direto no nível médio com o punho direito

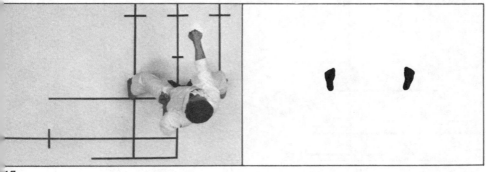

17.

18 *Hidari ken chūdan choku-zuki* **19** *Hidari gedan barai*

Soco direto no nível médio com o punho esquerdo   Bloqueio esquerdo para baixo

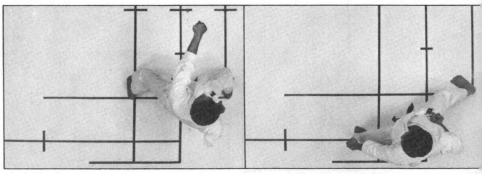

18.   19. *Hidari zenkutsu-dachi*

20 Migi jōdan age-zuki

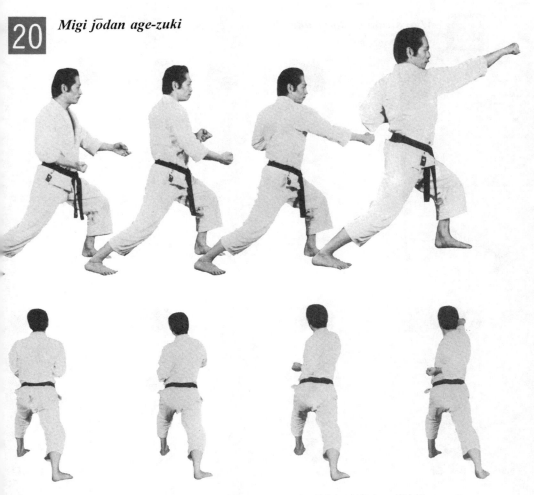

Soco ascendente no nível superior direito Vire o tronco para a esquerda.

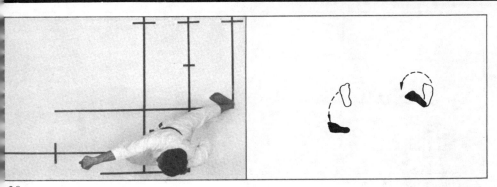

20.

21 *Migi shutō chūdan uke*

Bloqueio do nível médio com a mão direita em espada

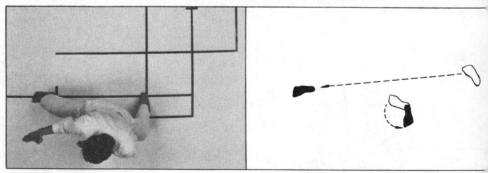

21. *Hidari kōkutsu-dachi*

22 Hidari shutō chūdan-uke

Bloqueio do nível médio com a mão esquerda em espada   Inverta a posição dos pés. Nos movimentos 21-22, gire rapidamente os quadris.

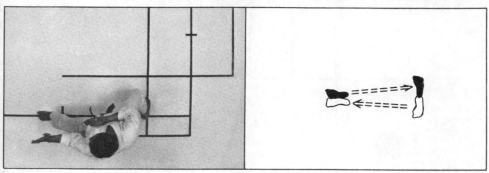

22. Migi kōkutsu-dachi

23. *Migi ken chūdan choku-zuki*

Soco no nível médio com o punho direito

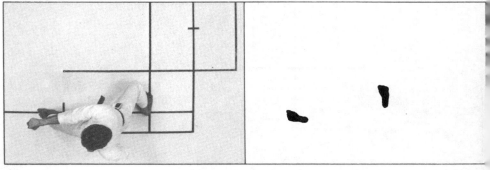

23.

24. Migi shutō chūdan uke

Bloqueio do nível médio com a mão direita em espada

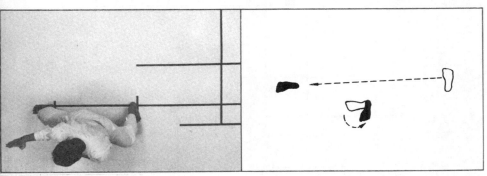

24. Hidari kōkutsu-dachi

25 *Hidari gedan barai*

Bloqueio esquerdo para baixo Com a perna direita como pivô, gire os quadris para a esquerda, inverta a direção.

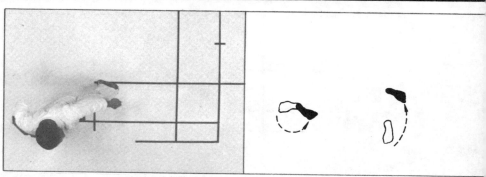

25. *Hidari zenkutsu-dachi*

26 *Migi ken jōdan age-zuki*

Soco ascendente no nível superior com o punho direito Vire o tronco ligeiramente para a esquerda.

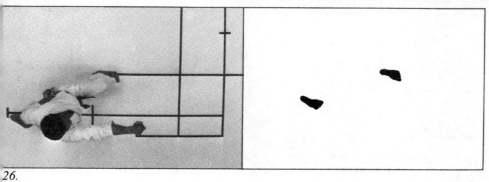

26.

27. Migi ken hidari kata ue / Hidari ken gedan-zuki

Punho direito acima do ombro esquerdo/Soco para baixo com o punho esquerdo
Salte um passo à frente. Cruze o pé esquerdo atrás do calcanhar direito.

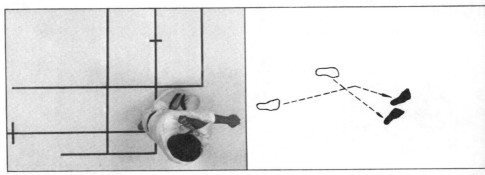

27. Migi ashi-dachi

28. *Migi gedan barai / Hidari ken hidari koshi*

Bloqueio direito para baixo/Punho esquerdo no lado esquerdo Recue o pé esquerdo um passo. Incline o tronco ligeiramente para a esquerda.

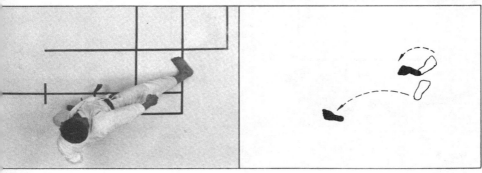

28. *Hidari hiza kussu*

29 Hidari gedan barai
Migi ken migi koshi

Bloqueio esquerdo para baixo/Punho direito no lado direito Com os pés no lugar, vire a parte superior do corpo na direção oposta.

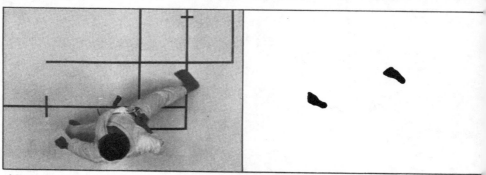

29. Hidari zenkutsu-dachi

30 Migi teishō chūdan oshi-age-uke
Hidari ken hidari koshi

Bloqueio do nível médio pressionando para cima com a base da palma direita/Punho esquerdo no lado esquerdo Aplique força gradual. Flexione o pulso.

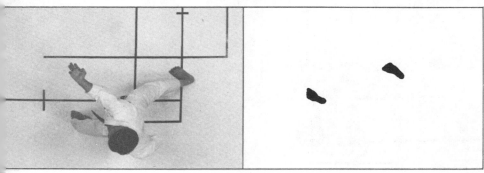

30.

31. *Migi teishō chūdan oshi-age-uke / Hidari teishō gedan osae-uke*

Bloqueio do nível médio pressionando para cima com a base da palma direita/Bloqueio do inferior pressionando com a esquerda Flexione o pulso esquerdo.

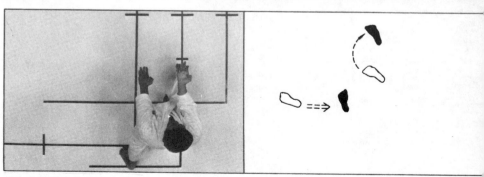

31. *Migi zenkutsu-dachi*

32. Hidari teishō chūdan oshi-age-uke / Migi teishō gedan osae-uke

Bloqueio do nível médio pressionando para cima com a base da palma esquerda/Bloqueio do nível inferior pressionando com a base da palma direita

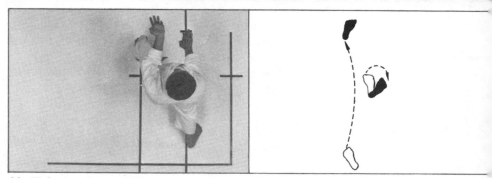

32. Hidari zenkutsu-dachi

33. Migi teishō chūdan oshi-age-uke / Hidari teishō gedan osae-uke

Bloqueio do nível médio pressionando para cima com a base da palma direita/Bloqueio do nível inferior pressionando com a base da palma esquerda

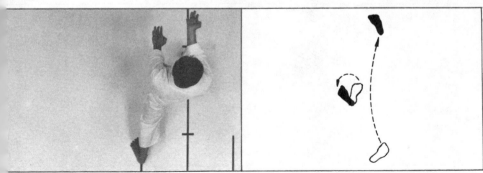

33. Migi zenkutsu-dachi

34 *Migi ken gedan-gamae / Hidari ken hidari koshi*

Kamae do punho direito no nível inferior/Punho esquerdo no lado esquerdo Girando a mão direita, mova-a para baixo a partir do ombro esquerdo.

34. *Hidari kōkutsu-dachi*

35 *Migi shō gedan ni oshidasu*
Hidari shō jōdan tsukami-uke

Arremetida no nível inferior com a mão direita/Bloqueio do nível superior agarrando com a mão esquerda Incline o tronco ligeiramente para a frente.

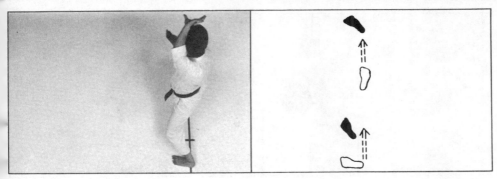

35. *Migi mae hiza kussu*

36 Migi shutō chūdan uke

Bloqueio do nível médio com a mão direita em espada Salte, virando à esquerda. Desça assumindo a postura recuada. Mova as mãos acima da cabeça.

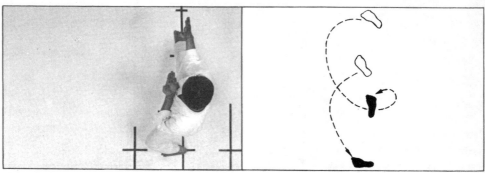

36. Hidari kōkutsu-dachi

37 Hidari shutō chūdan uke

Bloqueio do nível médio com a mão esquerda em espada

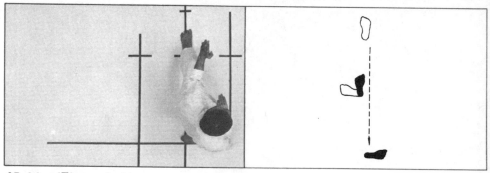

37. Migi kokutsu-dachi

Naore

Recue o pé esquerdo para retornar à posição de *yōi*.

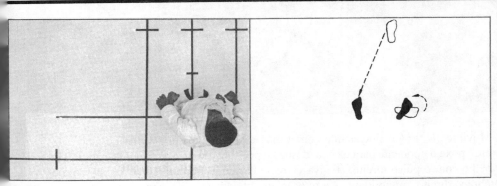

Shizen-tai

EMPI: PONTOS IMPORTANTES

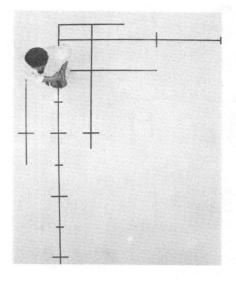

O nome anterior deste kata era Wanshu. O significado do nome *Empi*, "andorinha voadora", está no golpe ascendente no nível superior e no ato de saltar e golpear ao mesmo tempo em que o praticante agarra o oponente e o puxa. Todos esses movimentos sugerem o vôo alto e baixo da andorinha. O nome Empi também se aplica à inversão da direção, que é como voar. Esse é um kata leve e fácil, enérgico e perspicaz.

Num confronto com o adversário, ao ser agarrado pela mão, o praticante pode descobrir técnicas e aberturas, induzir o oponente a atacar, e pode ainda aprender com a mudança de táticas.

Trinta e sete movimentos. Aproximadamente um minuto.

1. Movimento 1: (A) Bloqueando com a mão esquerda um soco desferido pelo lado direito, puxe o oponente para o chão, deslize o pé esquerdo para a esquerda e atinja-lhe o joelho com o pulso direito. (B) Na varredura, bloqueando um chute frontal com o antebraço direito, o importante é a rotação abrupta dos quadris para a esquerda. Abra a perna esquerda, ajoelhe e bloqueie simultaneamente.

2. Movimento 7: Golpeando o queixo do oponente com um golpe ascendente direito, abra o punho e agarre-o pelos cabelos ou pelo tórax. Enquanto o puxa para si, salte e golpeie no nível médio. A postura de pés cruzados é assumida corretamente levando-se o pé esquerdo para trás do calcanhar direito. Os pontos importantes ao pular são flexionar os joelhos, baixar os quadris e apoiar todo o peso do corpo sobre a perna direita. Por mais que você baixe os quadris, não se incline para trás além da posição do calcanhar direito.

3. Movimento 8: Se no Movimento 7 o oponente agarrar sua mão esquerda de ataque, golpeie seu braço para soltá-la. Para isso, você pode atingir um ponto vital do braço do adversário. Ao passar da posição de pés cruzados para a posição recuada, o ponto importante é girar os quadris rapidamente. Execute um bloqueio para baixo virando o pulso direito desde a parte superior do antebraço esquerdo.

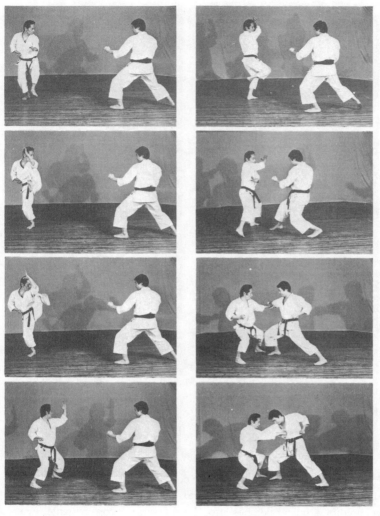

4. Movimentos 14-16: Enquanto levanta a mão esquerda até o nível dos olhos, gire a perna esquerda para a esquerda com a finalidade de assumir a postura do cavaleiro. Levante bem o joelho esquerdo, mantendo o cotovelo e o joelho esquerdos no ar; em seguida efetue um giro amplo e lento. Fixe os olhos na mão esquerda. Se você e o oponente ficarem imobilizados e a mão dele obstruir a sua, faça um movimento lento e amplo com a mão esquerda para pegá-lo de surpresa. Projete a mão direita para cima, golpeie a mão esquerda do oponente, provocando deliberadamente uma abertura e aliciando-o a atacar. Contra-ataque, golpeando a mão de ataque do oponente. Ou, sem o aliciar para um ataque, enquanto desvia o golpe no nível superior desferido pelo adversário, ataque vigorosamente o rosto dele com a mão direita.

5. Movimentos 34-35: Com a mão esquerda partindo de baixo e a direita partindo do ombro esquerdo, as mãos se movem para cima e para baixo num movimento que imita a ação de espremer. Avançando por *yori-ashi*, flexione o cotovelo direito (como se o cotovelo fosse tocar o lado do tórax), com a palma direita para cima. Leve a mão esquerda para a testa, com a palma para cima. Enquanto bloqueia com a mão esquerda um golpe no nível superior, a mão direita pode colocar-se entre as pernas do oponente. Use ambas as mãos para arremessar o adversário.

GLOSSÁRIO

Os numerais romanos se referem a outros volumes desta série: I, Visão Abrangente; II, Fundamentos; III, Kumite 1; IV, Kumite 2; V, Heian, Tekki; VI, Bassai, Kankū.

ashi: pé, perna

bō uke: bloqueio de ataque-bastão, 34

chichi: mamilo

chūdan: nível médio

chūdan choku-zuki: soco direto no nível médio, 54, 56, 58, 60, 70, 72, 74, 117, 118; I, 66; II, 102; IV, 64; V, 28, 126

chūdan kake-uke: bloqueio em gancho do nível médio, 22; I, 61

chūdan mikazuki-geri: chute crescente no nível médio, 87; IV, 54, 66; V, 84, 90; VI, 48, 67

chūdan osae-uke: bloqueio pressionando do nível médio, 19, 21; I, 62, 65; V, 37, 53, 82, 90; VI, 86

chūdan oshi-age-uke: bloqueio pressionando para cima do nível médio, 20, 129, 130, 132, 133

chūdan uchi uke: bloqueio de nível médio, de dentro para fora, 53, 55, 57, 63, 65, 67, 69, 71, 73; I, 59; II, 22; V, 40; VI, 19, 76

chūdan uke: bloqueio do nível médio, 115, 120, 123, 136, 138; I, 59, 96; II, 90, 106; V, 28; VI, 33, 83

chūdan yoko uchi: golpe lateral no nível médio, 23, 24, 25; VI, 126

chūdan-zuki: soco no nível médio, 79, 85, 88, 121, 122; V, 32; VI, 43, 86

fumidashi: 36; II, 68; V, 59; VI, 67

gasshō uke: bloqueio com as bases das palmas unidas, 89

gedan: nível inferior

gedan barai: bloqueio para baixo, 62, 63, 65, 67, 99, 101, 103, 106, 107, 110, 111, 118, 124, 127, 128; I, 56; II, 106; V, 17; VI, 50, 114

gedan-gamae: postura de nível inferior, 134; IV, 23

gedan ni oshidasu: arremesso para baixo, 135

gedan osae-uke: bloqueio pressionando do nível inferior, 20, 130, 132, 133

gedan oshidashi: arremesso no nível inferior, 36, 38

gedan uchi-barai: bloqueio em varredura do nível inferior, 27

gedan uke: bloqueio para baixo, 39, 40; V, 50; VI, 45, 67, 89, 140, 142

gedan-zuki: soco no nível inferior, 78, 84, 105, 109, 126

hachinoji-dachi: postura de pernas afastadas, 100; I, 29; V, 16; VI, 27, 71

hachinoji-dachi shizen-tai: postura de pernas afastadas, posição natural, 52

haiwan: lado superior do antebraço

heisoku-dachi: posição informal de atenção, 18; I, 29; V, 60; VI, 18

hidari: esquerda

144

hidari ashi-dachi: postura da perna esquerda, 37, 76, 114; V, 35; VI, 38, 81
hidari hiza kussu: flexão do joelho esquerdo, 106; VI, 30, 78
hidari kōkutsu-dachi: postura recuada esquerda, 40, 81, 120; I, 31; II, 52; III, 44; V, 26; VI, 33, 75
hidari mae hangetsu-dachi: perna esquerda na frente, postura da meia-lua, 53; I, 34
hidari mae neko-ashi-dachi: perna esquerda na frente, postura do gato, 89; I, 35; II, 52
hidari sokumen: lado esquerdo
hidari zenkutsu-dachi: postura avançada esquerda, 20, 103, 107; I, 30; II, 18, 52, 140

ippon ken: punho de único nó

jōdan: nível superior
jōdan age-uke: bloqueio ascendente de nível superior, 41, 42, 43, 44, 80, 85; I, 57; II, 106
jōdan age-zuki: soco ascendente no nível superior, 104, 108, 119, 125; I, 70
jōdan jūji uke: bloqueio em × de nível superior, 26; I, 64; V, 64, 74, 80, 90
jōdan kakiwake uke: bloqueio em cunha invertido do nível superior, 28; I, 64; V, 68, 74, 76
jōdan oshidashi: arremetida no nível superior, 36, 38
jōdan tsukami-uke: bloqueio agarrando do nível superior, 135; V, 115; VI, 37, 66
jōdan uchi uke: bloqueio do nível superior, de dentro para fora, 39, 40; VI, 45, 89
jōdan uke: bloqueio do nível superior, 33; I, 57; II, 106; V, 46; VI, 74
jōdan yoko uchi-barai: bloqueio de varredura lateral do nível superior, 29, 30, 31

kakiwake orosu: arremetida para baixo, 32
kamae: postura, 18, 33, 61, 99, 100; III, 16; IV, 42; V, 32; VI, 13, 27, 67, 74
kamaeru: assumir uma postura
kata: ombro
ken: punho
kiba-dachi: postura do cavaleiro, 22, 102; I, 32; II, 52; V, 54; VI, 46, 124
kime: 11, 62; I, 50; III, 17; IV, 120; V, 61
kokō: boca do tigre (forma da mão), 34
koshi: quadril

mae: frente, na frente de
mae keage: chute rápido para a frente, 77, 83; I, 86; II, 88; III, 71, 102; V, 41, 46, 48, 69, 75
migi: direita
migi ashi-dachi: posição da perna direita, 35, 77, 105; V, 66; VI, 19, 97
migi ashi mae kōsa-dachi: posição de pés cruzados com a perna direita à frente, 26; II, 52; V, 68; VI, 140
migi ashi orishiku: ato de ajoelhar com a perna direita, 99
migi hiza kussu: flexão do joelho direito, 101; VI, 32, 80
migi kōkutsu-dachi: postura recuada à direita, 39, 75, 121; I, 31; II, 52; III, 44; V, 26; VI, 21, 34, 74
migi mae hangetsu-dachi: postura da meia-lua, perna direita na frente, 55; I, 34
migi mae hiza kussu: flexão do joelho direito para a frente, 135
migi sokumen: lado direito
migi zenkutsu-dachi: postura avançada direita, 19, 130; I, 30; II, 18, 52; V, 17; VI, 20, 86

145

mizu-nagare kamae: posição da água corrente, 102; I, 104; II, 90; IV, 124; V, 78, 90
mune: peito, tórax

naname: na diagonal
naore: retorno a *yōi*

ryō: ambos
ryō ken: ambos os punhos
ryō soku: ambos os lados

shizen-tai: posição natural, 45, 90, 98; I, 28; V, 16; VI, 18, 70, 133
shō: mão aberta, palma
shō tekubi: mão e pulso
shutō: mão em espada
sokutō: pé em espada

tai soku ni: para o lado do corpo
tate mawashi-uchi: golpe vertical, 75, 81, 86; I, 75; II, 129; V, 18; VI, 108, 140, 141

tate shutō: mão em espada vertical
teishō: base da palma
tekubi: pulso
tsukami-uke: bloqueio agarrando, 64, 66, 68; V, 115; VI, 37, 66

uchiate: golpe
ude: braço
ue: acima
uhai tekubi: dorso do pulso direito, 19
uraken: dorso do punho

waki: lado do tórax

yama-gamae: postura da montanha, 28, 61
yōi: prontidão, 18, 45, 52, 90, 98, 139; II, 70; III, 104; V, 60; VI, 43, 126
yori-ashi: deslizamento dos pés, 22, 27, 28, 36, 38, 71, 73, 143; II, 70; III, 104; V, 60; VI, 43, 126

zempō: direção para a frente

Phoenix, Arizona, 1974

O MELHOR DO KARATÊ – 1
Visão Abrangente. Práticas

M. Nakayama

Este volume, organizado por Masatoshi Nakayama, apresenta todos os pontos básicos do karatê, organizados sistematicamente para um aprendizado eficiente passo a passo. O livro mostra as partes do corpo usadas como armas naturais, os golpes, como defender-se, como atacar, além de uma introdução ao kata e ao kumite.

O autor também não se esqueceu de alertar o praticante quanto à perfeição que tem de ser atingida em dois aspectos, o espiritual e o físico, se ele verdadeiramente quiser se tornar um verdadeiro adepto do karatê-do.

Neste volume, os fundamentos apresentados de forma concisa e precisa são o resultado da experiência do autor na arte da defesa pessoal durante quarenta e seis anos de prática.

* * *

Através de seus livros, **Masatoshi Nakayama** continua divulgando a tradição do seu mestre, Gichin Funakoshi, considerado o pai do karatê moderno.

Professor e diretor de educação física na Universidade Takushoku, Nakayama foi instrutor-chefe da Associação Japonesa de Karatê de 1955 até 1987, ano em que faleceu. Faixa preta de nono grau e figura conhecida nas competições, foi dos primeiros a enviar instrutores para fora do Japão e a incentivar o desenvolvimento do karatê como esporte, proporcionando-lhe uma base científica.

EDITORA CULTRIX

Italy, 1975

O MELHOR DO KARATÊ - 2
Fundamentos

M. Nakayama

Neste volume, o segundo da série *O Melhor do Karatê*, Masatoshi Nakayama, além de continuar a explicar as regras básicas que devem ser postas em prática quando se executa o kata ou se aplica o kumite, destaca os princípios físicos e fisiológicos da fonte do karatê e a concentração de força, golpes, forma, estabilidade, técnica e movimento em todas as direções, que são aspectos básicos e abrangentes do treinamento.

A prática deve ser constante e diligente, e não precipitada, e o fortalecimento do corpo deve ser feito gradualmente, dando-se grande destaque à elasticidade dos músculos.

* * *

Masatoshi Nakayama continua divulgando a tradição do seu mestre, Gichin Funakoshi, considerado o pai do karatê moderno.

Professor e diretor de educação física na Universidade Takushoku, Nakayama foi instrutor-chefe da Associação Japonesa de Karatê de 1955 até 1987, ano em que faleceu. Faixa preta de nono grau e figura conhecida nas competições, foi dos primeiros a enviar instrutores para fora do Japão e a encorajar o desenvolvimento do karatê como esporte, dando-lhe base científica.

EDITORA CULTRIX

Tokyo, 1977

O MELHOR DO KARATÊ - 3
Kumite 1

M. Nakayama

No kumite (luta), as técnicas básicas são aguçadas, e o movimento do corpo e o distanciamento se adquirem por meio da prática. Este volume explica os tipos e o significado do kumite e a relação entre o kumite *jiyu* e o treinamento básico nos fundamentos.

As demonstrações são feitas por instrutores da Associação Japonesa de Karatê.

* * *

Masatoshi Nakayama continua divulgando a tradição do seu mestre, Gichin Funakoshi, considerado o pai do karatê moderno.

Professor e diretor de educação física na Universidade Takushoku, Nakayama foi instrutor-chefe da Associação Japonesa de Karatê de 1955 até 1987, ano em que faleceu. Faixa preta de nono grau e figura conhecida nas competições, foi dos primeiros a enviar instrutores para fora do Japão e a incentivar o desenvolvimento do karatê como esporte, proporcionando-lhe uma base científica.

"Esta série ensina todos os aspectos da arte do karatê."
Library Journal

EDITORA CULTRIX

Tokyo, 1976

O MELHOR DO KARATÊ - 4
Kumite 2

M. Nakayama

Este livro complementa o volume 3 desta série e, como o anterior, traz ensinamentos de mestres das artes marciais para orientar o estudante no caminho da consciência espiritual e da maturidade mental. *O Melhor do Karatê 4* trata exclusivamente do kumite e da relação deste com o treinamento como um todo.

* * *

Masatoshi Nakayama continua divulgando a tradição do seu mestre, Gichin Funakoshi, considerado o pai do karatê moderno.

Professor e diretor de educação física na Universidade Takushoku, Nakayama foi instrutor-chefe da Associação Japonesa de Karatê de 1955 até 1987, ano em que faleceu. Faixa preta de nono grau e figura conhecida nas competições, foi dos primeiros a enviar instrutores para fora do Japão e a incentivar o desenvolvimento do karatê como esporte, proporcionando-lhe uma base científica.

"Esta obra é de grande utilidade principalmente para estudantes adiantados."
Choice

EDITORA CULTRIX

Japan, 1977

O MELHOR DO KARATÊ - 5
Heian, Tekki

M. Nakayama

Kata, os exercícios formais do treinamento do karatê, constituem a essência da prática em Okinawa e na China e são o centro do método do treinamento atual.

Detalhados aqui numa seqüência de 1500 fotografias, estão os cinco Heian e os três Tekki kata, cujo domínio é necessário para obter o primeiro dan.

Os exercícios são demonstrados pelo autor, Masatoshi Nakayama, e por Yoshiharu Osaka.

O treinamento intensivo, mental e físico, é o pré-requisito para se adquirir a capacidade de controlar os próprios movimentos, e essa, por sua vez, é a marca do competidor capaz. Exatamente como em outros esportes e artes marciais, o domínio dessas técnicas básicas só é conseguido mediante um treinamento constante e uma dedicação exemplar.

* * *

Masatoshi Nakayama continua divulgando a tradição do seu mestre, Gichin Funakoshi, considerado o pai do karatê moderno.

Professor e diretor de educação física na Universidade Takushoku, Nakayama foi instrutor-chefe da Associação Japonesa de Karatê de 1955 até 1987, ano em que faleceu. Faixa preta de nono grau e figura conhecida nas competições, foi dos primeiros a enviar instrutores para fora do Japão e a encorajar o desenvolvimento do karatê como esporte, dando-lhe uma base científica.

EDITORA CULTRIX

Guyana, 1978

O MELHOR DO KARATÊ 6
Bassai, Kanku

M Nakayama

Este volume contém descrições detalhadas e ilustrações dos kata Bassaı e Kanku, do recomendado grupo JFA. Com ele, o estudante aprende técnicas rápidas e lentas, a dinâmica da força, como transformar a fraqueza em vigor, mudança de direção, salto e busca de abrigo.

* * *

Masatoshi Nakayama continua divulgando a tradição do seu mestre, Gıchın Funakoshi, considerado o pai do karatê moderno.
Professor e diretor de educação física na Universidade Takushoku, Nakayama foi instrutor-chefe da Associação Japonesa de Karatê de 1955 até 1987 ano em que faleceu. Faixa preta de nono grau e figura conhecida nas competições, foi dos primeiros a enviar instrutores para fora do Japão e a incentivar o desenvolvimento do karatê como esporte, proporcionando-lhe uma base científica.

"*O Melhor do Karatê* reúne tudo numa série concisa."
The Japan Times

EDITORA CULTRIX